La

POLITIQUE ALLEMANDE DE M. CRISPI

ET SES CONSÉQUENCES

ALFRED BERL

LA

POLITIQUE ALLEMANDE
DE M. CRISPI

ET SES CONSÉQUENCES

Extrait de la *Revue générale*, numéro du 15 novembre 1888

EN VENTE

CHEZ TOUS LÉS LIBRAIRES

PRIX : **50** CENTIMES

LA POLITIQUE ALLEMANDE DE M. CRISPI

ET SES CONSÉQUENCES

De longue date, les Italiens nous reprochent de ne rien entendre à la politique et d'y mêler le sentiment. Nous aurions beau jeu peut-être à riposter *ad homines*; mais la réponse serait plus piquante que probante, et leur critique n'en resterait pas moins fondée.

Jadis en effet, nous faisions la guerre pour des idées, non sans sans y mettre notre orgueil. Aujourd'hui nous en avons dû rabattre, et les guerres d'idées sont un luxe auquel l'état de l'Europe et celui de nos finances nous ont contraints de renoncer.

Cependant notre guérison n'est pas complète, et souvent encore notre politique, au dehors comme au dedans, fait la part trop belle aux enthousiasmes irréfléchis, aux illusions décevantes, aux colères inopportunes.

C'est surtout lorsqu'il s'agit des choses d'Italie que l'on se départ ici de ce sang-froid et de cette impartialité sans lesquels se perdent le sens réel des faits, l'intelligence claire de leurs mobiles et l'exacte appréciation de leurs résultats. Anisi le préjugé national a déterminé de notre part bien des fautes d'optique et des sophismes de cœur, auxquels ont correspondu des fautes de diplomatie.

Au premier tort qu'avait ou que semblait avoir à notre endroit la nation sœur, vite d'évoquer Solférino et Magenta et de lui lancer à la face la classique accusation d'ingratitude.

Le moindre incident qui surgissait entre les deux pays soulevait parmi nous d'acerbes récriminations, comme si les récriminations n'étaient pas sans portée comme sans noblesse : comme si c'est avec des reproches qu'on peut parer aux périls d'un événement politique ou en recueillir les bénéfices !

Rien ne servirait de le celer : notre presse a souvent manqué d'adresse et de justice vis-à-vis de l'Italie. Quand il existe entre deux peuples des services et des obligations, l'un a sans doute le devoir de s'en souvenir, mais l'autre a le devoir plus strict encore de ne jamais les rappeler. Avant d'aider les Italiens dans l'œuvre de leur délivrance, il nous fallait calculer les conséquences de notre action ; il y aurait quelque ridicule à les découvrir et à nous en plaindre après coup, et même quelque cynisme dans l'aveu de notre imprévoyance.

C'est d'autre part un non sens que de compter sur la reconnaissance des nations. Selon le mot de M. Thiers (1) ; « c'est leur droit que d'être ingrates ». Ce n'est pas assez dire ; c'est leur devoir, si la gratitude fait obstacle à leur développement. Vertu privée, elle ne doit pas, en s'exagérant, devenir un vice national.

-----

(1) Corps législatif, 1866.

Notre franchise ira plus loin : non contente de poser le principe, elle proclamera le fait. Eh ! bien, le fait est qu'aujourd'hui, les Italiens ne sont pas nos débiteurs ! Qu'ils nous gardent un souvenir ému de l'élan cordial et de l'ardente sympathie avec lesquels nous avons jadis embrassé leur cause, rien de mieux ; mais quant à notre appui effectif et matériel, ils estiment à juste titre l'avoir matériellement et effectivement payé ; il leur a procuré la Lombardie et la Toscane ; eux nous ont en échange restitué nos frontières naturelles. Donnant, rendant. Nice et la Savoie sont la bonne et valable quittance de la France émancipatrice à l'Italie émancipée.

Nous devions aux Italiens l'affirmation de cette vérité ; faite depuis longtemps, et non marchandée par nos compatriotes, elle eût prévenu bien des froissements et bien des malentendus entre les deux pays. Dans la politique étrangère plus que partout ailleurs, les bons comptes font les bons amis.

Ces prémisses nous étaient nécessaires pour discuter sans passion comme sans gêne, l'attitude diplomatique adoptée par nos voisins. Les acclamations qui viennent de saluer Guillaume II à Rome et à Naples, ne nous ont pas émus au point de troubler notre jugement. Quelque amèrement que l'écho en ait retenti dans notre âme, nos impressions personnelles n'altéreront pas l'impartialité de cette étude tout objective. Les regrets et les espérances que seuls des Français peuvent ressentir et partager, ne doivent pas percer dans une argumentation qui prétend à une portée générale.

Aussi ne songeons nous pas à réclamer d'une nation étrangère une conduite et des sentiments français ; nous nous placerons au seul point de vue italien pour juger la politique italienne, et selon qu'elle nous paraîtra conforme ou contraire à l'intérêt exclusif de l'Italie, nous nous réservons d'y applaudir ou de la condamner.

I

On ne saurait apprécier exactement la politique d'un Etat en l'isolant du théâtre où il se développe et du milieu qui l'environne. Ce théâtre, c'est l'Europe; ce milieu, le système européen.

Les événements de 1866 et 1870 ont profondément bouleversé ce système.

Deux puissances de premier ordre ont subi un amoindrissement considérable. Leur vainqueur s'est accru d'autant.

Aujourd'hui la Prusse absorbe l'Allemagne, et l'associe à sa prépondérance sur le reste du continent. Mais cette prépondérance, elle n'aurait su la conserver sans alliés ; sa sécurité même était menacée par les deux peuples, qu'elle a vaincus sans les abattre, et qui restaient pour elle des ennemis aussi puissants qu'acharnés.

L'Allemagne devait donc se rapprocher de l'un pour avoir moins à redouter de l'autre ; à cette seule condition elle pourrait garder le rang, et paisiblement digérer les conquêtes que sa victoire lui avait valus. M. de Bismarck eut la très nette intuition de cette nécessité ; il se mit donc en quête d'alliés. La France se montrait irréductible ; elle ne voulait pas abdiquer ses droits et remontait fièrement de ses désastres à ses devoirs.

L'Autriche était plus malléable ; de ce côté bien des

causes rendaient la réconciliation plus facile ; la communauté d'origine, la date plus reculée de sa défaite, les conditions plus supportables du traité de Prague, enfin les compensations que la Prusse lui promit et lui fit obtenir en Orient.

En outre, ses divisions intérieures, sa faiblesse vis-à-vis des exigences hongroises, la crainte des progrès de la Russie avec laquelle elle ne sut pas s'entendre, ôtèrent à l'Autriche ses derniers scrupules, et triomphèrent de ses plus intimes répugnances ; elle accepta la main que lui offrait le vainqueur, et feignit d'avoir oublié les humiliations du passé pour conjurer les périls de l'avenir.

Politique contestable sans doute, et à de nombreux égards ; mais politique explicable en somme, où les deux parties contractantes trouvaient leur intérêt, inégal à la vérité, réel pourtant pour chacune d'elles.

La Russie qui d'abord avait consenti à figurer en tiers dans l'alliance, s'aperçut, après le Congrès de Berlin, qu'elle avait joué le rôle de dupe ; elle se retira de la combinaison, et reprit avec sa liberté d'action, tout son prestige et toute son autorité.

M. de Bismarck offrit alors la place laissée vacante à l'Italie, qui s'empressa de l'accepter.

Cette brusque évolution ne pouvait manquer de provoquer en France un douloureux étonnement, qui, après plusieurs années, ne s'est pas encore apaisé. Pour le justifier, nous allons rechercher d'abord si la conduite de l'Italie n'est pas absolument contraire à celle que lui dictaient et la logique et ses tendances originelles ; nous tâcherons ensuite d'analyser les mobiles auxquels elle a obéi, les espérances qui l'ont inspirée, enfin si ses espérances ne sont pas illusoires,

et quels seront les résultats de cette manœuvre politique.

Une fois le bilan de l'alliance établi, les responsa-
bilités précisées, nous aurons rempli notre tâche. La
conclusion sera facile à déduire ; dès lors ce ne sera
plus à nous, mais aux Italiens seuls à lui donner toute
sa portée.

II

Ce qui devait longtemps encore, s'emblait-il, garder
l'Italie en dehors des complications européennes, c'est
la date de sa naissance et la jeunesse de sa nationalité.
En 12 ans le Piémont s'était augmenté de 20 millions
de sujets et d'un territoire immense.

L'unité politique avait précédé dans les faits l'unifi-
cation réelle dans les esprits. La merveilleuse rapidité
de cette croissance portait en elle-même son danger.
Victor-Emmanuel l'avait bien aperçu et ne négligeait
rien pour y parer.

Les institutions civiles, administratives et militaires
tendirent toutes au même but : fondre en une seule
patrie les éléments si divers et si multiples des diffé-
rents petits Etats, et détruire le particularisme dont les
racines avaient été si profondément enfoncées dans
le cœur de l'Italie par quinze siècles de morcelle-
ment.

Le nouveau royaume était aux prises avec d'autres
difficultés. Le problème financier se posait en des termes menaçants.

M. Magliani, dont M. Crispi voudrait se débarrasser
aujourd'hui, donna le mot de cette énigme.

Grâce à lui, un sévère régime d'impôts et d'économies parvint à équilibrer les budgets. Chacun d'ailleurs rivalisa de zèle et de sacrifices patriotiques pour mettre le Trésor à la hauteur de ses charges et le Crédit national à l'abri des fluctuations quotidiennes.

La question religieuse restait pendante ; non que la monarchie de Savoie eut quelque trouble à craindre dans sa possession matérielle de Rome ; mais il y avait là une hostilité à désarmer, une solution à imaginer, plus définitive et plus satisfaisante que la loi des garanties pour les deux pouvoirs rivaux. Seuls le temps, le tact et des ménagements infinis pouvait accomplir cette œuvre d'apaisement.

Longtemps d'ailleurs, le sentiment de leur situation ne manqua pas à nos voisins. Jusqu'à l'avénement d'Humbert, ils se montrèrent uniquement soucieux de leur développement intérieur ; vivant en bonne intelligeance avec tous, ne s'inféodant à aucun, ils demeuraient étrangers et supérieurs aux ambitions et aux rancunes qui déchirent les anciens Etats.

C'est à partir du nouveau règne que le gouvernement italien manifesta l'intention de sortir de ce recueillement laborieux et fécond auquel il avait dû dix années de paix, de force et de dignité.

S'il voulait intervenir dans les affaires extérieures et se mêler plus activement aux compétitions européennes, avec qui lierait-il partie ? Quel était son allié naturel ? Le doute ne semblait pas permis à ce sujet. N'y avait-il pas entre nous et les Italiens des rapports intimes et de profondes affinités qui nous désignaient pour ce rôle ? La similitude des deux langues, l'influence qu'ont tour à tour exercée l'une sur l'autre les deux civilisations, le sang versé en commun sur des champs de batailles glorieux; la haine de l'Italie contre l'alliée de l'Allemagne, l'Autriche; les aspirations irrédentistes que n'a pas étouffées le supplice d'Oberdank, tout dans l'ordre intellectuel et sentimental laissait espérer que les deux peuples se reconnaîtraient pour frères et fraterniseraient étroitement.

Mais nous en avons convenu au début de cette analyse, le sentiment n'est ni nécessaire ni suffisant pour déterminer des alliances et pour orienter une politique. L'intérêt doit en être le seul guide. Or ici, par une fortune singulière, l'intérêt loin de le contredire, vient confirmer le sentiment ; et si les sympathies naturelles favorisent la bonne entente, les besoins commerciaux en font une nécessité.

L'Italie est d'une part un client important de notre pays ; et de l'autre, la plupart de certains produits de l'industrie ou du sol italiens, c'est la France seule qui les consomme. En présence de ces intérêts communs, quel motif serait assez dirimant pour séparer ce que la nature humaine et la nature des choses conspirent à réunir, et que ne pourraient surmonter le désir réciproque de s'entendre et l'amour égal de la paix ?

Nous abordons ici le point le plus spécieusement, sinon le plus sérieusement controversé du problème.

Si nous en croyons certains politiques italiens, il est une pierre d'acchoppement à l'amitié entre les deux peuples ; il est une question qui doit fatalement les armer l'un contre l'autre, jusqu'à ce qu'elle soit définitivement tranchée : c'est la question méditerranéenne. Elle est vitale pour tous les deux, et toujours les intérêts communs cèdent le pas aux intérêts rivaux. La possession du littoral africain, l'hégémonie des Latins, telle est la raison de l'antagonisme latent. jusqu'ici, mais profond, qui devait fatalement éclater entre la France et l'Italie.

A la vérité, l'objection serait décisive si la théorie dont elle dérive était démontrée; auquel cas, la politique actuelle de l'Italie se passerait de justification; elle ne serait que la légitime application de la morale de Bentham.

Mais précisément nous nions et la théorie et l'application : nous nions, dans la question méditerranéenne, la nécessité d'une solution violente et exclusive ; nous sommes convaincus au contraire que l'accord non seulement est possible, mais facile, sans qu'il faille en chercher bien loin le terrain.

Pour y parvenir, il suffit de le vouloir de part et d'autre. Il serait bon d'abord d'imposer silence aux suggestions de vanités mesquines. ou d'ambitions. insatiables qui travaillent certaines imaginations par delà les Alpes. Il serait bon d'oublier certaines formules sonores et creuses qui chatouillent l'amour-propre italien d'autant plus dangereusement qu'elles empruntent leur autorité aux glorieuses légendes romaines, et semblent ainsi n'être que la fidèle expression de revendications traditionnelles.

C'est ainsi que l'on répète avec le Maître de M Crispi, Mazzini « L'Afrique appartient tout entière à l'Italie ». Et à force de le répéter on finit par se persuader que l'on est victime d'usurpations étrangères auxquelles il est temps de mettre un frein.

La vérité est que l'Afrique n'appartient à personne en propre, et à l'exclusion des autres. L'Afrique appartient à tous ceux qui sauront la coloniser, la féconder de leur industrie et de leurs capitaux, à tous ceux qui y feront pénétrer la lumière et la civilisation de l'Europe. — Enfin c'est une erreur fondamentale de croire qu'un pays ne peut s'élever que sur les débris d'un autre ; en d'autres termes que l'éclipse de la grandeur française est le corrollaire indispensable du progrès de la grandeur italienne.

La loi de Darwin est peut-être la loi de la nature sauvage, elle n'est pas celle de l'humanité civilisée. La politique internationale n'est pas soumise à son empire, et précisément l'organisation des hommes en société, le groupement des familles humaines en nationalités en sont l'absolue négation. Jamais on n'a vu les fauves, former, à l'exemple des peuples, des alliances pour le maintien de la paix. ou des coalitions contre la suprématie d'un seul. La concurrence ethnique n'exige pas fatalement les sacrifices sanglants que le *Struggle for life* accomplit dans le règne animal. L'histoire de l'Europe est la preuve qu'à la force brutale du plus fort on a voulu et su parfois opposer une autre force, conventionnelle, et mise au service de a justice. Ce qui a été fait dans le passé montre ce qui est possible dans le présent, et si l'équilibre européen a été réalisé sur le continent, pourquoi sur mer ne réaliserait-on pas l'équilibre méditerranéen.

La Méditerranée baigne les côtes de la Grèce et des trois pays latins. Chacun d'eux doit avoir sa part de cette mer et des rives dont elle les sépare.

Par le travail de ses enfants, ses sacrifices d'or et de sang, la France a mérité de garder ses acquisitions, et personne ne saurait l'en dépouiller. Peut-on nous reprocher d'avoir fait de l'Algérie ce qu'elle est pour le plus grand profit du monde, et d'y avoir assis notre règne à une époque où l'Italie ne pouvait y posséder aucun droit, puisqu'elle n'avait pas l'existence ? Mais la côte africaine n'est pas tout entière occupée : l'Italie et l'Espagne ont-elles aussi le droit de se pourvoir. Jamais nous ne l'avons contesté. Jamais nous n'avons dit : « Toute l'Afrique appartient à la France. » Jamais la France n'entravera l'expansion colonisatrice de l'Italie soit en Abyssinie, soit en Tripolitaine ; non plus que celle des Espagnols au Maroc, pourvu que nos droits soient respectés. Il est bien de vouloir être puissants, mais avant tout, il faut savoir être justes.

Le sol africain est assez vaste pour assouvir les appétits de nos trois pays. Il doit attirer et combiner leurs efforts et leurs ressources, au lieu de les diviser pour leur plus grand dommage, et pour le malheur de l'humanité.

C'est peut-être sur ce sol que le rêve de la fédération latine peut devenir une réalité ; c'est sur cette terre neuve encore, et que n'a pas encore rongée les germes des haines qui dévorent la vieille Europe, c'est sur cette terre que les trois nations sœurs (1) unies, moins par l'identité de race et les raisons de sentiment, que par le simple jeu des intérêts économiques, pourraient se fondre et s'amalgamer en une seule ; et sur cet autre Nouveau-Monde pousser de nouvelles racines et recommencer une nouvelle existence. Aujourd'hui les luttes se transforment ; de militaires, elles tendent à devenir industrielles, et de même les champs de bataille se déplacent. Qui sait ? c'est peut-

---

(1) Nous nous proposons de revenir sur cette idée dans un autre article purement économique, intitulé le Zollverein latin.

être en Afrique que renouvelés et régénérés, nous pourrons résister victorieusement à la terrible invasion commerciale que l'Amérique dirige contre nous.

III

Tel était le but à viser ; but nullement chimérique, et même aisément accessible. Combien cette triple alliance nous en éloigne aujourd'hui !

Quelques journaux italiens avaient, dans le principe, essayé de restreindre la portée du traité, et de plaider l'innocence de leurs intentions. Ils ont même prétendu sans rire que leur gouvernement n'avait été inspiré que par l'amour de la paix, si ce n'est par celui de la France. — C'est la triple alliance, à les entendre, qui seule empêche la France de tirer l'épée pour recouvrer ses provinces perdues. Une guerre malheureuse pourrait ruiner la France ; l'Italie en rendant cette guerre impossible, sauve la France de la ruine.

Un tel sophisme ne saurait égarer personne. La France sait se défendre contre ses propres entraînements. Elle y résiste depuis dix-huit ans qu'elle saigne, et qu'elle panse ses blessures en silence. Au reste, si c'est le maintien de la paix qui préoccupe l'Italie et ses alliés, il faut reconnaître qu'ils réussissent assez mal dans leur tentative ; depuis que trois puissances se sont liguées pour la garantir, jamais cette paix n'a paru si compromise, jamais la guerre si près d'éclater.

Pour expliquer leur présence à côté de nos ennemis, les Italiens pourraient-ils l'imputer aux inquiétudes que leur cause le panslavisme ? Mais la distance qui les sépare de la Russie, et le parrallélisme de leurs intérêts ne permettent pas non plus qu'on s'arrête à ce prétexte. Et si d'ailleurs il planait un seul doute à cet égard, les taquineries dont le Ministère Crispi s'est montré si prodigue à notre adresse, les multiples incidents qui se succèdent avec tant de persistance, le ton peu amiable que l'on prend pour les régler, et le style des notes qui nous sont répondues, suffiraient à nous détromper.

Non, ce n'est pas pour nous, mais contre nous que l'Italie est entrée dans la coalition. Non, ce n'est pas avec le concours et l'amitié de la France qu'elle poursuit sa grandeur et ses progrès, c'est par notre humiliation et notre affaiblissement. *On l'avoue à présent*; *on s'en flatte*. Les rôles vont être intervertis ; c'est au tour de l'Italie à dominer la France : « La France (a dit le député Carini). a été l'Autriche des nations latines ; à l'Italie d'en devenir la Prusse ».

Les plus brillantes antithèses expriment parfois les idées les moins exactes : et c'est ne rien comprendre à l'histoire que de vouloir toujours la recommencer. Ceux qu'éblouissent les raisonnements analogiques de ce genre, n'interprètent si mal les faits que pour avoir mal analysé les causes. Ils oublient ou ignorent que la France n'est en rien comparable à l'Autriche, que leurs situations respectives sont essentiellement différentes, et que rien n'implique que leurs destinées soient semblables.

Ils oublient ou ignorent que la raison vraie de l'abaissement de l'Autriche en 1866, c'est moins son infériorité militaire, que sa constitution composite ; ce qui l'a éliminée de l'Allemagne ce n'est pas tant sa défaite que sa multiplicité ethnique et son extranéité aux yeux des Allemands.

Sadowa, malgré les apparences, n'a pas été une cause déterminante, mais une cause occasionnelle. Sadowa n'a pas créé une situation, il l'a dénouée. C'a été une date encore plus qu'un fait. Il marque le terme où devait fatalement aboutir la politique « bifrons » de l'Autriche.

Ce qui a, d'autre part, préparé l'avènement de la Prusse, c'est le rôle de monarchie nationale qu'elle a su prendre en Allemagne, et que sa rivale avait déserté. Les Prussiens ne se contentaient pas de vaincre une armée, ils étaient prêts à remplacer une nation. Avec leur force ils apportaient une idée ; leur victoire incarnait un principe, cher aux cœurs comme aux esprits allemands, celui de l'unité allemande !

Rien de pareil en ce qui concerne l'Italie et la France. Les Etats latins qui ont suivi des destinées particulières et distinctes n'ont jamais formé de confédération qui appelât de ses vœux l'unité. Et quand l'Italie a trouvé la sienne, la France était une et compacte depuis longtemps. L'Italie n'apporte du reste au monde latin aucune idée, aucun principe supérieur qui, même en cas de succès, légitime sa suprématie, et lui permette de nous supplanter moralement et politiquement.

Au point de vue commercial, la France représente en Europe un marché de huit milliards ; l'Italie un de deux milliards et demi ; et sur ce chiffre nous figurons pour près de 900 millions.

Non seulement elle n'est pas dotée d'un outillage industriel qui lui assure, de longtemps, notre place dans le monde des affaires, mais même notre amoindrissement, et plus encore, notre disparition la priverait de son débouché le plus considérable et ne précéderait que de peu sa décadence économique.

Les succès militaires, ou même ces défaites heureuses qui servent autant que les victoires, ne confèrent pas au vainqueur les ressources et les aptitudes commerciales du vaincu. Celles-ci ne sont pas le résultat de la bonne fortune et d'alliances puissantes, mais le produit accumulé d'un labeur patient et d'efforts séculaires. — Autre chose est supprimer un peuple concurrent, autre chose le remplacer. L'Italie compte trop d'économistes clairvoyants pour ne pas savoir que c'est du travail personnel qu'il faut attendre l'enrichissement.

Et pourtant, malgré leur déraison, les faux calculs ont prévalu ; la politique à courte vue et les politiciens hâtifs l'emportent. Ils ont dit et fait croire que l'Italie était hors de page, qu'intérieurement elle était faite, qu'il fallait songer à faire l'Italie extérieure, et à la faire contre la France. — Avec qui ?

Dès lors le choix était tout indiqué, et l'alliance allemande s'imposait. Et puis, que d'avantages ne présentait pas ce partenaire ? Le prestige de la victoire, l'hégémonie politique, l'éclat d'une dynastie avec laquelle une République ne pouvait soutenir la comparaison, et dont l'appui semblait infiniment plus flatteur, infiniment plus rassurant à la maison royale de Savoie.

Cependant, les temps n'étaient encore accomplis. Pour désirable que la Cour italienne estimât l'amitié des grandes monarchies de l'Europe, il fallait tenir compte du sentiment italien, et le préparer à la même conception. Ses répugnances et ses rancunes contre l'Autriche étaient encore trop vivaces : cette alliance

entre le Habsbourg oppresseur et la dynastie libéra-
trice lui semblerait une monstruosité ! Et puis, la
France était encore à ses yeux l'ancienne amie des
mauvais jours, et la camarade de combats. Il fallait
trouver contre elle un grief qui justifiât l'hostilité qu'on
allait lui déclarer.

Le grief naquit à Tunis ; nous n'accuserons pas nos
voisins de l'avoir créé ; mais nous avons le droit d'affirmer que jamais l'expédition tunisienne n'eût été
entreprise, si les menées du consul Maccio ne nous y
avait obligés.

La France, en 1878, avait refusé la Tunisie des mains
de M. de Bismarck, et jamais elle n'aurait consenti à
une démonstration militaire dans la Régence, si les
agissements dont cette frontière de l'Algérie était
devenue le théâtre, n'avaient fait péricliter nos intérêts
pécuniaires et notre influence en Orient. La situation
de nos nationaux établis en Tunisie, les grands travaux
exécutés grâce aux capitaux français, les trois quarts
de la dette tunisienne que possèdent nos compatriotes,
constituaient pour la France un patrimoine que le
Gouvernement français avait le devoir de sauvegarder.
Le simple établissement du protectorat prouva bien
que la France, fidèle à sa parole, n'avait nulle arrière
intention d'annexion ou de conquête. Cependant, ce
minimum de garanties et d'intervention fut exploité
par une presse perfide ou passionnée, l'opinion italienne journellement excitée contre nous ; des deux
côtés, d'ailleurs, le sang-froid et l'esprit conciliateur
firent défaut ; quoiqu'il en fut, l'Italie avait son siège
fait ; elle n'écoulerait plus désormais que les conseils
de la rancune et de l'amour-propre blessé.

L'alliance allemande était conclue dans les esprits,
avant d'être signée dans les traités.

IV

« Quand orgueil chevauche devant, dommage suit de près », répétait Louis XI après Péronne. Et c'est en restant sourd à la voix de l'orgueil que ce roi transmettait à son successeur une France double de celle qu'il avait reçue.

Voyons si l'Italie, en suivant une conduite opposée, trouvera une fortune égale.

Quels bénéfices, soit dans le présent, soit dans l'avenir, retirera-t-elle de son alliance ?

M de Bismarck, chacun le sait, est un courtier des plus honnêtes ; mais il fait grassement rétribuer ses services. Il n'était pas homme à se contenter de l'amitié des Italiens, en échange de l'appoint formidable qu'il allait leur apporter. Les nations sœurs séparées, c'était bien, mais il voulait plus encore : il voulait leur divorce absolu. La brouille politique ne lui semblait définitive que si elle se compliquait d'une brouille commerciale. Le traité de Francfort nous a montré qu'il attache autant d'importance aux succès économiques qu'aux militaires. Cette rupture était son gage. En dénonçant le traité de 1881, le comte de Robilant accomplit le sacrifice. En faisant échouer les négociations postérieures, M. Crispi le consomma. Malgré ses protestations de bonne foi et de bon vouloir, les négociateurs français ne purent entamer le parti pris du ministre italien chez lequel la courtisanerie diplomatique oblitérait le sentiment des intérêts nationaux.

Inacceptable pour la France, comme base d'accord, nuisible pour l'Italie, le tarif général fut le mur contre lequel se brisèrent nos efforts et nos concessions, contre lequel se brisera peut-être aussi l'aveugle politique de M. Crispi.

Quelques chiffres et quelques faits pour le prouver. Sous le régime douanier de 1881, l'Italie expédiait en France pour 500 millions de fr. de produits et n'en importait que pour 300 millions, si nous nous en référons aux statistiques officielles qu'a reproduites le Bulletin de notre Chambre de commerce à Milan, — bulletin remarquablement rédigé et où abondent les documents les plus précieux et les plus intelligemment réunis.

Bien que le commerce, en prévision du non renouvellement du traité, se soit approvisionné d'avance, les exportations ont baissé de 42 millions, pendant les six premiers mois de l'application du tarif. Du 1er janvier au 1er octobre, les produits de la douane présentent un déficit de 27 millions.

C'est en Italie que la France allait chercher ses matières premières pour ses fabriques de soieries, et qu'elle allait s'alimenter pour les vins et les huiles. Or, l'exportation des vins a fléchi de 90 0/0, celle de la soie de 70 0/0, celle des huiles d'olives de 57 0/0.

Comme on le voit par ces données, le vin ne se vendait qu'en France, et nous n'avons pas entendu dire que, malgré la triple alliance, l'Allemagne, pays de bière, se dispose à reprendre à l'Italie ce que notre pays a cessé de lui acheter.

Il en est de même pour l'huile, dont notre Midi fait si grande consommation, et que les Allemands n'emploient guère.

Enfin, la fabrication de la soie est une industrie essentiellement française, et si Lyon a quelque peu souffert de ne plus pouvoir se procurer ses matières premières à si bon compte, l'Italie est bien davantage éprouvée par l'impossibilité où elle se trouve de placer ses matériaux.

D'ailleurs nos fabricants de soieries se sont adressés à la Chine qui remplacera largement l'Italie.

Nous avons demandé nos vins à l'Espagne et à l'Algérie où la viticulture prend un essor et réalise des progrès rassurants à la fois pour la consommation de la métropole et le développement de la colonie.

Pour nous, la guerre commerciale n'a donc été qu'un embarras transitoire, auquel le remède est déjà trouvé; pour nos voisins, c'est une menace des plus graves et déjà une rude épreuve. Nous cédons ici la parole à ceux des organes de la presse péninsulaire que le gallophobisme n'a pas destitués de toute liberté d'appréciation, et qui ne prennent pas encore la consigne au Palais Braschi.

La *Zanzara de Barletta* déclarait (6 juin 1888) que la lutte de tarifs aurait pour résultat la ruine des deux plus riches régions de l'Italie : les Pouilles et la Sicile. Là-bas, en effet, on exportait 2 millions d'hectolitres de vin, dont 1,500,000 fr. pour notre seul pays. Il est tombé à 0,15 centimes le litre, et même à ce prix ne se vend plus. Les effets de ce désastre ont eu leur contre-coup financier et politique.

D'après la *Perseveranza*, de Milan (28 juillet), une révolte a éclaté dans la province de Bari parmi les paysans que la misère avait exaspérés. La municipalité de Corato a dû leur distribuer un secours de 0,60 cent. à chacun pour les empêcher de mourir de faim, alors que précédemment la vente de leur vin leur rapportait de 3 à 5 francs par jour.

Le journal le plus considérable de Milan qui réagit avec tant de bon sens contre le courant où les autres se laissent entraîner, le *Secolo*, s'alarme du nombre croissant des faillites qui, du Centre et du Midi de l'Italie, ont fondu sur le Nord avec des passifs colossaux. La propriété foncière est également frappée ; et l'émigration prend des proportions jusqu'alors inconnues.

Il n'est pas jusqu'à l'une des feuilles dévouées à la politique officielle, la *Gazetta piemontese*, qui ne réclame à grands cris le retour « à ce bienheureux traité de 1881 que nous avons eu le tort de dénoncer les premiers. »

Aujourd'hui, les ministres italiens s'efforcent d'atténuer les conséquences de leur œuvre ou d'en rejeter sur nous toute la responsabilité. C'est ainsi qu'à Anagni, le sous-secrétaire, M. Ellena, vient de faire le procès au traité de 1881. Or, il y a dix-huit mois, le même M. Ellena tenait un langage tout opposé, à la Commission d'enquête des tarifs douaniers dont il était rapporteur. En 1886, alors que l'incurie économique de son chef ne l'avait pas encore contraint à son étonnante volte-face, il exprimait le souhait que la France prorogeât le traité de 1881. « Comment, écrivait-il, attacher trop d'importance à un traité qui protège aussi fortement la moitié de nos exportations, qui donne un ordre stable à nos échanges, — à un marché qui nous sert de Clearing-house pour nos paiements internationaux, à un pays avec lequel il faudra peut-être procéder à la liquidation des écus d'argent ».

Enfin, et cela réduit singulièrement la valeur de toutes les contestations, les Chambres de commerce récemment consultées, ont à la presque unanimité, émis un vœu tendant au prompt rétablissement des relations commerciales avec la France.

Une crise industrielle d'une intensité inquiétante pour l'avenir du pays, un budget en déficit de 70 millions, la hausse du change, telles sont les conséquences indirectes, il est vrai, mais trop réelles qui, pour l'Italie, s'accusent de son intimité avec l'Allemagne.

La politique étrangère a-t-elle du moins cicatrisé les plaies qu'a creusées la politique commerciale ? Là-dessus, pas le moindre doute. En effet, l'empereur d'Allemagne, qui est venu saluer à Rome le roi après le pape, n'a-t-il pas, par sa visite même, proclamé l'incontestable admission de l'Italie au nombre des grandes puissances. Il paraît que l'Italie éprouvait le besoin de cette reconnaissance authentique, et n'avait pas encore, après plus de vingt ans d'unité, la conscience très sûre de son rang ; et dans sa gratitude pour son noble et puissant allié, M. Crispi lui a adressé un télégramme dont la fierté n'égalait peut-être pas l'effusion. Ce n'est pas tout : le comte Herbert de Bismarck a bien voulu se faire présenter à la famille de M. Crispi et la convier à se rendre chez sa mère à Berlin. La visite impériale, la présentation du ministre, ne voilà-t-il pas de larges compensations, sinon des remèdes efficaces à la ruine des viticulteurs de la Sicile et aux faillites des banquiers napolitains. Henri IV trouvait que Paris valait bien une messe de sa part ; M. Crispi estime que l'intimité d'un grand homme vaut bien la ruine commerciale... de ses compatriotes.

L'avenir, par contre, ménagera t-il à ces derniers des revanches éclatantes du présent ? Cela est au moins fort discutable.

La triple alliance est bien censée leur garantir la possession d'un territoire que personne en Europe ne leur dispute, et l'intégrité de leurs frontières qu'aucun pays ne menace. Mais, en échange de cette garantie dérisoire, la péninsule a lié son sort à celui de l'Allemagne et aliéné entre ses mains toute sa liberté d'action. C'est l'Allemagne et non l'Italie qui est maîtresse de la paix, de la guerre, de l'heure et du prétexte : si la paix est maintenue, c'est pour la défense des conquêtes germaniques que l'Italie doit s'imposer les lourds budgets qui l'obèrent ; si la guerre éclate, c'est sur un signe des puissants alliés qu'elle devra dépenser les ressources qu'elle a créées depuis vingt ans, et envoyer à la mort toute la fleur de sa jeunesse.

Au reste, ce n'est pas le seul sacrifice, ni le plus pénible qu'elle s'impose. L'Allemagne n'est pas la seule alliée. L'Autriche est là qui fait valoir sa part égale d'exigences. Vis à vis d'elle, l'Italie s'engage à comprimer les espérances irrédentistes qui la travaillent, et qui ne sortiront jamais du cœur des véritables patriotes. Il lui faut oublier et Trieste et le Trentin : Trieste, le port de l'Italie, Trente, la frontière de la patrie italienne, que cette mutilation laisse toujours en butte aux coups de la puissance militaire et maritime de l'Autriche. Trente restera le coin que l'Autriche enfonce dans la chair vive de l'Italie ; Trieste restera la rivale qui a terrassé Venise et l'empêche de se relever.

On se demande encore, et l'on peut à peine y croire, si vraiment l'Italie renonce à ses revendications les plus chères, aux droits sacrés qu'elle a de ce chef ; si elle consent à détourner les regards de ce côté pour les jeter vers les Alpes-Maritimes, c'est-à-dire là seulement où sa frontière est sûre et solide, là seulement où elle est maîtresse chez elle, là seulement où elle n'est pas à la merci de l'invasion et des baïonnettes étrangères. Cette chose invraisemblable est vraie. Aujourd'hui, l'Autriche est l'amie ; et non contente d'être dépouillée par elle, l'Italie a contresigné de sa main sa propre spoliation. Elle-même s'est interdite à jamais de se compléter !

Telles sont les clauses du traité : et si vraiment la la diplomatie est l'art de ne pas payer ses alliances trop cher, nous pouvons d'ores et déjà mesurer l'envergure diplomatique des hommes d'État qui l'ont conclu. Mais, examinons ce qu'en vaudra la mise en œuvre, en cas de guerre.

La coalition ne prévoit que le succès et n'escompte que la victoire. Cependant la défaite n'est pas impossible. Quel sort serait celui de l'Italie vaincue ? Elle doit bien s'en douter. Nous serons, à notre tour, obligés de faire taire nos sympathies, et nous ne pourrons nous dispenser de prendre, après un tel péril, des mesures qui en empêchent le retour.

Raisonnons maintenant dans l'hypothèse qui sourit à nos voisins. La coalition est victorieuse, la France une seconde fois abattue. Le rêve de certains Italiens a pris corps. Rien n'arrête plus désormais les progrès de leur pays. Il va d'abord recueillir les fruits de sa fidélité au plus fort, puis il va pouvoir recommencer la conquête du monde.

Certes, le jour de la victoire, il y aura pour l'Italie de violentes satisfactions d'amour-propre. Qu'elle se hâte de les savourer, car elles seront sans lendemain.

L'apparence de la gloire, l'apparence du profit, ce sera là tout son lot. Mais c'est l'Allemagne seule qui de tout cela aura la réalité. Démésurément accrue par son triomphe, jusqu'au duel avec la Russie, elle pèsera d'un poids énorme sur l'indépendance de l'Europe, et principalement elle sera pour l'Italie une bienfaitrice autrement impérieuse que ne l'a été la France. Elle lui rappellera les services rendus autrement que par des paroles. L'Italie ne sera plus l'amie, l'égale, mais la protégée et la vassale de l'empire allemand. Celui-ci ne se contentera pas longtemps d'une suzeraineté hominale, il voudra bientôt la rendre effective (1).

L'occasion de l'affirmer ne tardera pas à s'offrir, au détriment de la péninsule. L'heure est proche, en effet où l'Autriche complètement désoccidentée se transformera en monarchie hongro-slave ; dans cette désagrégation l'élément allemand fera retour à la Prusse. Celle-ci devenue l'héritière des Habsbourg saura se souvenir à point de ses ambitions maritimes, et revendiquera Trieste au nom de ses droits successoraux. Et comme elle a de plus que l'Italie, la force de les faire valoir, Trieste deviendra le Hambourg de l'Adriatique et son exutoire sur la Méditerranée.

On a promis à l'Italie, Nice, Tunis et Tripoli. C'est beaucoup. Qui sait ; peut-être lui tiendra-t-on parole. Mais qu'importe, ces présents n'allégeront pas sa dépendance, ils ne feront que la sceller. Pour être dorés, les fers n'en sont pas moins lourds à porter.

Ce qui donne à la propriété son caractère définitif, c'est l'indépendance du possesseur ; aussi de telles conquêtes sont bien précaires.

Elles font songer à ces jouets que l'on prête aux en-

---

(1) L'ingérence que se permet actuellement Guillaume II dans les affaires intérieures de l'Autriche, la campagne des « Reptiles » contre le ministère Taaffe donnent la mesure des futures exigences de l'Allemagne vis-à-vis de l'Italie.

fants pour les amuser ou pour les retenir, jusqu'à ce qu'on les leur reprenne, ou qu'on les leur brise entre les mains. Les Italiens auront été les dupes de leurs alliés moins encore que de leurs chimères. Ils rêvaient de recommencer la conquête romaine vis-à-vis de la Gaule avec l'aide de la Germanie ; et ce sont les Allemands qui recommencent le moyen-âge et le Saint-Empire par la conquête de l'Italie, avec l'aide de l'Italie.

Comme jadis, les empereurs teutons poseront leur lourd talon sur la gorge de la péninsule, avec cette différence toutefois qu'ils n'auront même plus besoin de s'agenouiller d'abord à Canossa.

Et quant à ce peuple, que la résurrection de 1858 avait fait croire digne de l'indépendance et capable de l'unité, il sera de nouveau mûr pour les anciennes divisions, et pour l'esclavage antique. Comme si c'était dans sa finalité de servir, l'Italie n'aura pas changé pour longtemps de condition ; elle n'aura fait que changer de maîtres. Elle aura vécu libre, une et forte, juste le temps nécessaire à l'Allemagne pour hériter de l'Autriche et s'adjoindre tous ses Allemands ; juste le laps nécessaire au Hohenzollern pour remplacer le Habsbourg.

Alors elle comprendra, mais trop tard, la faute commise en contribuant à l'abaissement de notre pays ; elle sentira combien est étroite entre les peuples la solidarité dont elle aura enfreint la loi, et combien terrible la répercussion des coups qu'elle nous aura si aveuglément portés.

En frappant la France, elle se sera frappée mortellement ; et désormais isolée, dénuée de tout secours, il ne lui restera plus qu'à traîner une vie sans dignité dans une Europe sans liberté.

2.

Ce dénouement inéluctable serait notre revanche si notré politique, comme celle de nos voisins, avait pour fondement l'exclusivisme national qui n'est au fond que de l'imprévoyance ; et si par dessus tout, nous ne déplorions la chute en ce cas irrémédiable de la race latine, et l'anéantissement de l'équilibre européen.

V

C'est la passion qui mène les hommes encore plus que l'intérêt. Et l'on peut se rendre compte que la France n'est pas seule au monde à contredire Larochefoucauld. L'alliance allemande, on vient de le voir, ne laisse à l'Italie que des espoirs bien fragiles, et dont la réalisation peut lui devenir plus funeste que leur probable avortement. En cas de défaite, c'est la dislocation ; en cas de victoire, la servitude. Et cependant l'Italie se cantonne dans cette alliance comme dans une citadelle imprenable, et M. Crispi l'envisage comme la plus belle pensée du règne !

Comment donc, chez ce peuple si fin, si souple et si délié, la passion a-t-elle pu prendre un tel empire, et le précipiter dans une politique aussi insensée ?

Pour pénétrer un tel mystère, il faut une connaissance approfondie du caractère très complexe de nos voisins. Cette complexité vient de la contradiction qui existe chez eux entre l'esprit et le tempérament. L'esprit est singulièrement positif et fort apte aux combinaisons les plus subtiles de la politique ; le tempérament au contraire est héroïco-historique et leur présente les choses les plus minces sous un angle prodigieusement élargi. L'histoire, ou pour mieux dire, leur histoire les domine de sa reculée grandiose. Les souvenirs de l'ancienne Rome les hantent et pèsent de tout leur poids sur leurs cerveaux.

Il y a une périlleuse antinomie dans cette jeune nation qui est en même temps un vieux peuple. L'une est accablée parfois sous la gloire de l'autre ; la grandeur passée risque de nuire à l'action présente et au progrès futur.

Tantôt les Italiens sont victimes, tantôt ils bénéficient de leur double nature ; tantôt leur tempérament les entraîne et c'est le désastre qui suit ; tantôt c'est leur sagesse qu'ils écoutent, et le succès en est le fruit.

« Italia fara da se » aboutit à Novare ; l'envoi d'un corps piémontais en Crimée prépare Plombières et fonde l'unité italienne.

Comme les autres religions, celle de l'histoire nationale a ses mystiques : mais le mysticisme n'est pas la force active de la religion ; il en est la plante parasite. L'Italie ne doit donc pas se figer dans la contemplation d'un passé glorieux sans doute, mais bien mort et qui ne peut être ressuscité. Elle doit regarder en avant, et ne songer qu'à l'avenir. Si Rome fut jadis la maîtresse du monde, c'est qu'elle en était le centre. Sa géographie est une des causes de ses hautes destinées. La Méditerranée était le lac intérieur ; et qui en possédait les rives, dominait tout le Continent.

Aujourd'hui le monde a changé, le monde a grandi et Rome n'en est plus le centre.

La domination universelle lui est donc impossible ; mais l'Italie n'a pas à le regretter. Qu'elle se console en pensant que personne ne la réalisera. Comme l'empire romain, ceux de Charlemagne, de Charles-Quint et de Napoléon ont péri par leur grandeur. Il y a contradiction entre ces deux termes : Universalité et Nationalité. On ne règne sûrement que dans la limite de ses frontières. A les franchir, un pays se dénationalise ; il noie son génie propre dans celui des peuples conquis. Pour subsiter, la patrie veut être quelque chose de particulier, de distinct, de tranché. Elle se fond et s'effrite dans l'omnipotence, et « paye de sa vie la gloire chimérique du « Primato ». L'Italie est perdue si elle ne répudie pas ces théories surannées, dont le péril est encore plus grand que la séduction ; si elle envisage autre chose que les nécessités présentes et les obligations de l'ordre et du monde modernes où une si belle place lui est réservée. Qu'elle bannisse les poètes de sa politique, et revienne aux leçons de ses hommes d'Etat. Qu'elle revienne à elle-même, à son propre génie libre de toute imitation et soustrait à l'hypnotisme historique.

Elle a plus qu'aucun autre peuple l'esprit des compromis, elle a trop l'intelligence du possible pour ne pas faire le départ entre ses ambitions et ses moyens. Elle n'a pas enfanté que Dante et Gioberti ; mais aussi Guicciardini, Machiavel et Cavour. Si artistiquement elle peut s'enorgueillir des premiers, dans la vie pratique elle doit s'inspirer des seconds.

Jamais les Italiens ne trouveront dans Machiavel une pensée, un mot qui justifie leur politique actuelle ; si M. Crispi relisait les œuvres de ce grand homme, dont il fait publier l'édition complète, il pourrait méditer ces paroles prophétiques du Prince (chapitre XXI) : « Un souverain ne doit jamais prendre parti pour un voisin plus puissant que lui, parce qu'il se met ainsi à sa discrétion, s'il est vainqueur ».

Ce n'est pas non plus Cavour qui eût accepté pour

son pays unifié le rôle de protégé allemand, ni qui eût conseillé une politique de rancune jalouse, négative des intérêts nationaux.

Amoureux des grands desseins, mais ennemi des chimères, génie original et tout moderne il ne demandait pas à l'histoire des modèles, mais des enseignements. Rare mélange de raison pratique et de prévision lointaine, il marchait vers son but sans relâche mais sans sursaut ; et pour se dépenser en agitations fébriles il connaissait trop la force de la temporisation.

Ce qui caractérise son gouvernement et celui de ses élèves, Menabrea, Depretis, Visconti Venosta, c'est le travail patient, silencieux et modeste ; ce sont les sacrifices noblement supportés ; et pendant plusieurs années nous avons assisté au spectacle d'un peuple qui grandit progressivement, pacifiquement, sans rien demander qu'à son effort personnel, s'abstenant de toute intrigue, de toute injustice ; justifiant ainsi sa fortune exceptionnelle par la loyauté et la droiture de sa politique et dont la conduite inspire au monde autant d'estime que ses malheurs avaient jadis provoqué de sympathie.

Aujourd'hui la politique italienne a changé d'allures, en changeant de personnel. Ce n'est plus le Nord qui gouverne, prudent, sage et mesuré ; c'est le fougueux et irascible Midi ; ce n'est plus l'école de Cavour subordonnant tout à l'utilité nationale, supérieure aux satisfactions stériles si ce n'est dangereuses de la gloriole. C'est l'école opposée ; ce sont les ennemis personnels de Cavour ; les disciples de ce Mazzini dont les impatiences et les complots paralysaient l'action du grand homme d'Etat. C'est la Sicile dans les veines de laquelle le sang arabe a infusé le besoin de paraître, le goût des démonstrations théâtrales et l'amour de la *fantasia* politique !

M. Crispi veut faire grand, à tout prix, à tout risque ; au risque d'être petit, au prix de l'intérêt et de la sécurité nationale. Les grandes alliances l'ont grisé. Ce révolutionnaire que les hasards de la politique ont fait cousin du Roi est resté jusqu'à présent inférieur à sa fortune inespérée. Il n'a pas encore le fond et les formes des hommes d'Etat sur lesquels il se modèle et au niveau desquels il aspire à se hausser.

Il caresse les vastes projets et ne rencontre que les aventures ; il médite les grandes conquêtes et ne trouve que Massaouah.

Il rêve d'être Bismarck et rappelle Albéroni... septuagénaire. Comme lui, il soulève partout des questions irritantes, fomente des intrigues, trouble le monde par une politique jusqu'ici brouillonne, sans franchise, sans équilibre. Qu'il prenne garde : qu'il n'oublie pas que l'histoire et les contemporains sont sévères pour ceux qui par leur imprudence entraînent leur pays dans des luttes sanglantes incertaines et inutiles.

Jusqu'à présent ses audaces ont glissé sur notre patience sans l'entamer. Mais notre attitude pacifique n'a fait que l'exciter davantage. Il semble vouloir rendre inévitable une guerre que rien ne justifie, que personne ne désire, où personne n'a rien à gagner ; une guerre sans cause, sans compensation, pour le plaisir ! Guerre odieuse et insensée, s'il en fût, et dont pourtant nous rapprochent chaque jour, en s'accentuant, les provocations italiennes.

Nous supplions nos voisins d'y réfléchir. L'heure est décisive. La France est prête à toutes les concessions honorables pour aboutir à une réconciliation commerciale et politique, qui serait avantageuse pour les deux pays. Cette réconciliation est possible, puisque, nous l'avons démontré, l'antagonisme est factice. L'Italie la désire-t-elle ? Nous l'espérons encore.

Nous ne pouvons croire que là-bas on approuve une politique qui compromet gratuitement vingt années de travail, de prudence et d'économies.

La diplomatie a ses joueurs ; mais elle a aussi ses sages. Que M. Crispi veuille jeter les plus beaux atouts qui soient jamais tombés dans le jeu d'un peuple ; soit, c'est un joueur.

Mais il est invraisemblable qu'Humbert consente à se mettre dans cette partie. Car c'est un sage. Le fils de Victor-Emmanuel ne peut vouloir risquer toute l'œuvre glorieuse du règne de son père. Cela n'est ni dans les traditions ni dans le génie de la maison de Savoie ; et tout autre est la méthode grâce à laquelle, lentement mais sûrement, elle a édifié sa fortune à travers les âges.

Et, si le roi, par impossible, suivait son ministre dans cette aventure qui peut lui coûter les plus beaux fleurons de sa couronne, les Italiens eux, ne suivraient pas leur roi dans cette folie où peut sombrer leur unité.

Paris. — Typographie A. PARENT, A. DAVY, successeur,
52, rue Madame et rue M.-le-Prince, 14.